AF253839

De

L'ÉTAT DE SIÉGE,

DE SON UTILITÉ
ET DE SES EFFETS,

Par

L.-J.-G. Chénier,

Avocat, chef du bureau de la justice militaire au ministère de la guerre, membre de la Légion-d'Honneur et de l'Académie des sciences, belles-lettres et arts de Besançon

*Salus populi
Suprema lex esto.*

PARIS,

LIBRAIRIE MILITAIRE DE J. DUMAINE,
ANCIENNE MAISON ANSELIN,
Rue et Passage Dauphine, 36.
—
1849

E L'ÉTAT DE SIÉGE,

DE SON UTILITÉ

ET DE SES EFFETS.

Imprimerie de Cosse et J. Dumaine, rue Christine, 2

De

L'ÉTAT DE SIÉGE,

DE SON UTILITÉ

ET DE SES EFFETS,

Par

L.-J.-G. Chénier,

Avocat, chef du bureau de la justice militaire au ministère de la guerre, membre de la Légion-d'Honneur et de l'Académie des sciences, belles-lettres et arts de Besançon

Salus populi
Suprema lex esto.

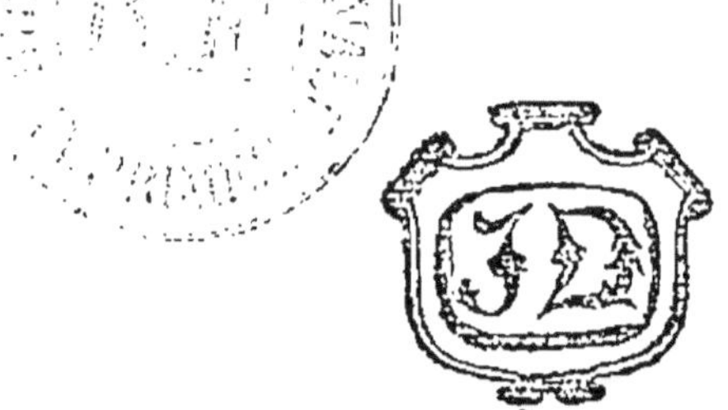

PARIS,

LIBRAIRIE MILITAIRE DE J. DUMAINE,

ANCIENNE MAISON ANSELIN,

Rue et Passage Dauphine, 36.

—

1849

DE
L'ÉTAT DE SIÉGE,

DE SON UTILITÉ

ET DE SES EFFETS.

Sous l'empire des diverses Constitutions qui ont régi la France depuis 1789, l'état de siége a toujours été un moyen de salut, employé efficacement dans les cas de calamité publique amenée par des séditions ou par l'attaque des puissances étrangères liguées pour nous faire la guerre. Les lois de 1791, de l'an IV, de l'an V, de l'an VII, le décret de 1811 (1), en sont autant de preuves.

(1) Voyez *le Guide des tribunaux militaires*, tome 2, page 779.

La Charte de 1814, sans le dire explicitement, avait admis les mêmes principes ; et non-seulement l'état de siége, sous le rapport de l'administration et de la police, faisait passer tous les pouvoirs aux mains de l'autorité militaire, mais encore les conseils de guerre devenaient la juridiction naturelle des insurgés, des rebelles qui avaient été auteurs ou complices des troubles civils.

Avec la Charte de 1830, qui donnait plus de garanties et plus de liberté que celle de 1814, on prohiba, sans y faire assez d'attention, l'action des tribunaux militaires, même dans l'état de siége. La haine des cours prévôtales et des excès de 1815 avait trop préoccupé les rédacteurs de la Constitution de 1830, et lorsque, en 1832, le jour du danger fut venu, qu'une véritable guerre civile eut éclaté dans les rues de Paris, l'état de siége, que réclamait le repos de la grande cité, fut réduit à de simples mesures administratives et de police générale ; les conseils de guerre, ainsi que nous l'avions prévu et dit au ministre de la guerre (1), furent dessaisis par douze arrêts successivement rendus par la Cour de cassation, et l'on reconnut alors que la société entière était désarmée du moyen le plus prompt de ramener la tranquillité parmi les populations troublées par les agitateurs politiques.

---

(1) Voyez *le Guide des tribunaux militaires*, tome 2, page 777, où les circonstances de l'état de siége de 1832 et les arrêts de la Cour de cassation sont rapportés. — Voyez l'avertissement, en tête de la 2e édition du *Manuel des conseils de guerre*, où la question de l'état de siége est particulièrement traitée relativement à la Constitution du 4 novembre 1848.

La révolution de février 1848 fit disparaître la Charte de 1830 devant la proclamation de la République, qui se relevait radieuse aux yeux des hommes de cœur et de probité ; mais qui, dans la pensée intime de plus d'un conspirateur de profession, ne devait être que le premier pas dans l'œuvre de destruction de la société entière. Aux déclamations les plus furibondes et les plus insensées, on reconnut bientôt que ces ignobles démocrates n'avaient ramassé que la fange sanglante qui avait sali la première République, pour édifier leur prétendu état social sous les noms ridicules de fouriérisme, de socialisme, de communisme. Les événements ne tardèrent pas à éclairer sur leurs intentions réelles ; la collision du mois de juin 1848, durant laquelle le gouvernement d'alors semblait, avant de se décider à agir, attendre que le hasard du combat lui apprît à quel parti la guerre civile donnerait la puissance, ne laissa plus aucun doute sur le sort que l'on réservait à la France. L'élan généreux, intrépide et spontané de la saine population de la capitale, secondé enfin par la valeur et le dévouement de nos troupes, mit un terme à cet affreux conflit. L'état de siége, avec sa conséquence naturelle, la juridiction des conseils de guerre, rassura les esprits et raffermit la société sur ses bases ébranlées.

Pendant ce temps, l'Assemblée constituante décrétait la Constitution, reproduisait la plupart des dispositions de la Charte de 1830, relatives aux garanties individuelles, mais prescrivait sagement de faire une loi sur l'état de siége : car, sous ce rapport, la Con-

stitution avait besoin d'une interpré-
tation législative.

Les conspirateurs comme les ambitieux, et les ambitieux comme les fana-
tiques, sont aveugles et incorrigibles.
En 1849, l'anniversaire du mois de
juin 1848 leur donna envie de descen-
dre encore dans l'arène des guerres
civiles; cette fois, le gouvernement était
prêt, les mesures étaient prises à l'a-
vance; la répression fut prompte, dé-
cisive, complète, et dirigée avec la
vigueur et l'habileté nécessaires. L'insurrection, tout aussi menaçante qu'en
1848, puisqu'elle comptait également
à sa tête des représentants du peuple,
des membres de l'Assemblée législative,
et qu'il s'agissait encore de tout renver-
ser, fut comprimée et détruite; l'état
de siége vint encore en aide aux populations alarmées; mais, à ce moment,

une erreur du pouvoir allait faire surgir les plus graves embarras. La Constitution du 4 novembre 1848, qui
reproduisait toutes les prohibitions de
la Charte de 1830, ne permettait pas,
en l'absence d'une loi spéciale qui ré-
glât les effets de l'état de siége, de saisir
les tribunaux militaires des crimes et
délits constituant l'insurrection. On
avait oublié la jurisprudence de la Cour
régulatrice. Cependant, les avertisse-
ments des hommes dévoués à la véritable République et à la patrie ne firent
point défaut (1), et l'on se hâta de faire
la loi du 9 août 1849, qui a tracé les
principes d'une manière nette et pré-

----

(1) Le précis de ce qui s'est passé à cette occasion est très sommairement raconté dans l'avertissement qui est en tête de la 2ᵉ édition du *Manuel des conseils de guerre.*— Voyez cet ouvrage.

cise, relié la législation antérieure à celle d'aujourd'hui, et déterminé la nature et les effets de la situation exceptionnelle de l'état de siége admis par la Constitution.

Avec la loi du 9 août 1849, dont nous allons reproduire le texte avant d'en commenter les dispositions, on possède maintenant l'ensemble d'un système complet de mesures de sûreté générale. La loi du 10 juillet 1791, le décret du 24 décembre 1811 et la loi du 9 août 1849 permettent de bien comprendre désormais ce que l'on doit entendre par état de paix, état de guerre et état de siége.

Il y a *état de paix*, toutes les fois que la place de guerre, le poste militaire, le département, l'arrondissement, la ville, la commune, n'ont point été constitués en état de guerre ou en état de siége. L'état de paix est l'état normal de toute société (1).

Dans l'état de paix, la police intérieure et tous les actes du pouvoir civil n'émanent que des magistrats et autres fonctionnaires préposés, par la Constitution, pour veiller au maintien et à l'exécution des lois. L'autorité militaire ne s'étend que sur les troupes et sur les autres objets dépendant de leur service, ainsi que cela est réglé par la législation.

L'état de guerre est déterminé par l'une des circonstances suivantes :

1° En cas de guerre déclarée avec une puissance étrangère, lorsque la place est en première ligne sur la côte, ou à moins de cinq journées de marche des

______

(1) Voyez les art. 5 et 6 de la loi du 10 juillet 1791, titre 1er. — Voyez les art. 50, 51 du décret du 24 décembre 1811.

places, camps et positions occupés par l'ennemi ;

2° En tout temps, c'est-à-dire lorsqu'il n'y a aucune guerre déclarée ou commencée, quand on fait des travaux qui ouvrent la place située sur les côtes ou en première ligne près des frontières ;

3° Si des rassemblements sont formés dans le rayon de cinq journées de marche, sans l'autorisation des magistrats ;

4° Par un décret du Président de la République (l'art. 54 de la Constitution lui en donne le droit), lorsque les circonstances obligent à donner plus de force et d'action à la police militaire, sans qu'il soit nécessaire de mettre la place en état de siége (1).

---

(1) Voyez l'art. 52 du décret du 24 décembre 1811.

Tels sont les cas dans lesquels les places de guerre et les postes militaires peuvent être déclarés en état de guerre.

On remarquera que cette mesure n'est qu'un acte de prévoyance et de sûreté générale, et que les articles de la Constitution (1), qui imposent au Président de la République l'obligation de surveiller et d'assurer l'exécution des lois, de veiller à la défense de l'État, et qui lui donnent le droit de disposer de la force armée, lui commandent d'employer tous les moyens prescrits par la législation antérieure et en harmonie avec les principes de la Constitution, pour maintenir, assurer ou rétablir la tranquillité publique, sans laquelle il n'y a point de confiance dans

____

(1) Voyez les art. 49, 50, 54 de la Constitution du 4 novembre 1849.

le gouvernement, et, dès lors, plus de commerce, plus d'industrie, plus de prospérité : car son premier élément, la sécurité dans les transactions, lui manquerait complétement.

Ce que nous venons de dire s'applique non-seulement aux places de guerre et postes militaires, mais encore aux départements, arrondissements, villes et communes dans lesquels ou autour desquels l'ordre public, l'obéissance aux lois, seraient troublés, menacés.

En effet, le principe de la loi du 10 fructidor an v, implicitement adopté par la loi du 9 août 1849, qui donne au Président de la République le droit, dans certains cas déterminés, de proclamer l'état de siége, doit ici, vu vertu des pouvoirs conférés par la Constitution au chef du gouvernement, recevoir son application. Les mesures qu'il s'agit de prendre, lorsqu'une ville ou une commune est mise en état de guerre, ne sont qu'administratives ; les officiers civils ne cessent pas d'être chargés de l'ordre et de la police inté- rieurs ; ils peuvent seulement être re- quis par l'autorité militaire de se prêter aux mesures d'ordre et de police qui intéressent la sûreté de la ville ou de la commune (1); en un mot, les autorités civiles et militaires doivent se concerter pour tout ce qui peut être jugé néces- saire au maintien de la tranquillité publique. La seule différence avec l'état de paix, pour les magistrats civils, c'est que, dans l'état de guerre, ils sont tenus d'obtempérer aux demandes que leur adresse l'autorité militaire, de-

---

(1) Voyez l'art. 7 du titre 1er de la loi du 10 juillet 1791.

mandes, toutefois, qui n'ont pour objet que de prescrire des mesures circonscrites dans la sphère de leurs attributions, et qui ne peuvent concerner que la police intérieure, les ressources en subsistances pour les habitants et les troupes, celles relatives aux travaux à exécuter, au service des machines et pompes à incendie, etc. (1).

L'état de guerre, n'étant que l'intermédiaire entre l'état de paix et l'état de siége, peut être légalement déclaré par le Président de la République, puisqu'il ne sort pas de la nature des mesures administratives et de police qui composent essentiellement les attributions du pouvoir exécutif. Ce raisonnement nous paraît d'autant plus sans

----

(1) Voyez le chapitre III du décret du 24 décembre 1811, art. 91, 92, 93, 94, 95, 96, 97, 98, 99, 100.

réplique que, qui peut le plus peut le moins. Le Président de la République a la faculté de mettre une commune, une ville, un arrondissement, un département en état de siége dans les cas prévus par la loi du 9 août 1849 ; à plus forte raison peut-il, dans toute occasion, lorsque l'ordre et la tranquillité sont menacés, prescrire des mesures qui ont pour but de prévenir les troubles civils, et d'éviter d'en arriver à la position toujours grave de l'état de siége.

L'état de siége étant déterminé par la loi elle-même, nous allons donner d'abord son texte et ensuite les développements et explications qui nous ont paru indispensables pour la bien comprendre et la considérer sous toutes ses faces et dans toutes ses conséquences.

LOI SUR L'ÉTAT DE SIÉGE

Du 9 Août 1849.

L'ASSEMBLÉE NATIONALE LÉGISLATIVE A ADOPTÉ LA LOI DONT LA TENEUR SUIT :

CHAPITRE Ier.

DES CAS OU L'ÉTAT DE SIÉGE PEUT ÊTRE DÉCLARÉ.

ART. 1er.

L'état de siége ne peut être déclaré qu'en cas de péril imminent pour la sécurité intérieure ou extérieure.

CHAPITRE II.

DES FORMES DE LA DÉCLARATION DE L'ÉTAT DE SIÉGE.

ART. 2.

L'Assemblée nationale peut seule déclarer l'état de siége, sauf les exceptions ci-après.

La déclaration de l'état de siége désigne les communes, les arrondissements ou départements auxquels il s'applique et pourra être étendu.

Art. 3.

Dans le cas de prorogation de l'Assemblée nationale, le Président de la République peut déclarer l'état de siége, de l'avis du conseil des ministres.

Le Président, lorsqu'il a déclaré l'état de siége, doit immédiatement en informer la commission instituée en vertu de l'art. 32 de la Constitution, et, selon la gravité des circonstances, convoquer l'Assemblée nationale.

La prorogation de l'Assemblée cesse de plein droit lorsque Paris est déclaré en état de siége.

L'Assemblée nationale, dès qu'elle est réunie, maintient ou lève l'état de siége.

Art. 4.

Dans les colonies françaises, la déclaration de l'état de siége est faite par le gouverneur de la colonie.

Il doit en rendre compte immédiatement au gouvernement.

Art. 5.

Dans les places de guerre et postes militaires, soit de la frontière, soit de l'intérieur, la déclaration de l'état de siége peut être faite par le commandant militaire, dans les cas prévus par la loi du 10 juillet 1791 (1) et par le décret du 24 décembre 1811 (2).

Le commandant en rend compte immédiatement au gouvernement.

Art. 6.

Dans le cas des deux articles précédents, si le Président de la République ne croit pas devoir lever l'état de siége, il en propose sans délai le maintien à l'Assemblée nationale.

CHAPITRE III.

DES EFFETS DE L'ÉTAT DE SIÉGE.

Art. 7.

Aussitôt l'état de siége déclaré, les pouvoirs dont l'autorité civile était revêtue pour le maintien de l'ordre et de la police passent tout entiers à l'autorité militaire.

L'autorité civile continue néanmoins à exercer ceux de ces pouvoirs dont l'autorité militaire ne l'a pas dessaisie.

---

(1) Titre 1er, art. 11.
(2) Art. 53.

Art. 8.

Les tribunaux militaires peuvent être sa
sis de la connaissance des crimes et déli
contre la sûreté de la République, contre l
Constitution, contre l'ordre et la paix pu
blics, quelle que soit la qualité des auteu
principaux et des complices.

Art. 9.

L'autorité militaire a le droit :

1° De faire des perquisitions, de jour e
de nuit, dans le domicile des citoyens;

2° D'éloigner les repris de justice et le
individus qui n'ont pas leur domicile dar
les lieux soumis à l'état de siége ;

3° D'ordonner la remise des armes e
munitions, et de procéder à leur recherch
et à leur enlèvement ;

4° D'interdire les publications et les réu
nions qu'elle juge de nature à exciter ou
entretenir le désordre.

Art. 10.

Dans les lieux énoncés en l'art. 5, les e
fets de l'état de siége continuent, en outre
en cas de guerre étrangère, à être détermi
nés par les dispositions de la loi du 10 jui
let 1791 et du décret du 24 décembre 1811

Art. 11.

Les citoyens continuent, nonobstant l'état de siége, à exercer tous ceux des droits garantis par la Constitution, dont la jouissance n'est pas suspendue en vertu des articles précédents.

CHAPITRE IV.

DE LA LEVÉE DE L'ÉTAT DE SIÉGE.

Art. 12.

L'Assemblée nationale a seule le droit de lever l'état de siége, lorsqu'il a été déclaré ou maintenu par elle.

Néanmoins, en cas de prorogation, ce droit appartiendra au Président de la République.

L'état de siége, déclaré conformément aux art. 3, 4 et 5, peut être levé par le Président de la République, tant qu'il n'a pas été maintenu par l'Assemblée nationale.

L'état de siége, déclaré conformément à l'art. 4, pourra être levé par les gouverneurs des colonies, aussitôt qu'ils croiront la tranquillité suffisamment rétablie.

Art. 13.

Après la levée de l'état de siége, les tribunaux militaires continuent de connaître des crimes et délits dont la poursuite leur avait été déférée.

Délibéré en séance publique, à Paris, le 9 août 1849.

Le Président et les Secrétaires,

Signé : Dupin ; Arnaud (de l'Ariége), Lacaze, Chapot, Peupin, Heeckeren, Bérard.

La présente loi sera promulguée et scellée du sceau de l'Etat.

Le Président de la République,

Signé : Louis-Napoléon Bonaparte.

Le garde des sceaux, ministre de la justice,

Signé : Odilon Barrot.

COMMENTAIRES.

La loi sur l'état de siége est l'un des compléments les plus nécessaires de notre Constitution du 4 novembre 1848.

ART. 1er. — Elle pose, comme principe général, que ce n'est qu'en cas de péril imminent que l'état de siége peut être déclaré, péril qui s'annonce par l'investissement d'une place ou l'introduction sur le territoire d'une troupe ennemie, d'une bande de rebelles étrangers, ou par une sédition intérieure qui prend le caractère de guerre civile. Ce principe prend sa source dans la législation antérieure. La loi du 10 juillet 1791 n'a parlé que des places de guerre et postes militaires; elle dit, dans son art. 11, que l'état de siége sera déclaré non-seulement dès l'instant que les attaques seront commencées, mais même aussitôt que, par l'effet de leur investissement par des troupes ennemies, les communications du dehors seront interceptées à la distance de dix-huit cents toises des crêtes des chemins couverts.

Le décret du 24 décembre 1811 a été plus loin, il a comblé la lacune que laissait la loi de 1791; il porte, dans l'art. 53, que l'état de siége est déterminé par un décret, ou par l'investissement, ou par une attaque de vive force, ou par une surprise, ou par une sédition intérieure, ou enfin par des rassemblements formés dans le rayon d'investissement, sans l'autorisation des magistrats. Nous verrons, plus loin, que ces dispositions ont sagement été remises en vigueur par l'art. 5 de la présente loi du 9 août 1849; mais il ne faut pas omettre de faire remarquer que la loi de 1791, comme le décret de 1811, ne s'étaient occupés que des places de guerre proprement dites. Pour mettre une commune, un département en état de siége, il fallait combiner ces dispositions législatives avec celles :

De la loi du 10 vendémiaire an IV, sur la police intérieure des communes;

De la loi du 10 fructidor an V, qui a déterminé la manière dont les communes de l'intérieur de la République pouvaient être mises en état de siége;

De la loi du 25 fructidor an V, qui rendit au Directoire exécutif le pouvoir de mettre

une commune en état de siége, pouvoir que lui avait enlevé la loi précédente;

De la loi du 24 messidor an VII, sur la répression du brigandage et des assassinats dans l'intérieur, loi qui a consacré cette locution exacte de commune, canton et département en état de *troubles civils* ;

De l'arrêté du Directoire exécutif, en date du 28 thermidor an VII, qui mettait quatre communes en état de siége;

Enfin, de la loi du 14 fructidor an VII, relative à l'établissement de conseils de guerre spéciaux dans les départements déclarés en état de *troubles civils;*

La loi du 9 août 1849 a résumé toutes ces dispositions, et les termes précis de son article 1er renferment le principe, dans toute son étendue, de la mise en état de siége d'une commune, d'un canton, d'une ville, d'un arrondissement, d'un département ou de plusieurs, ou même de toutes ces localités à la fois.

ART. 2. — Un autre principe non moins général que le précédent est écrit dans l'article 2. C'est que l'Assemblée nationale peut seule déclarer l'état de siége.

La souveraineté nationale étant la base du gouvernement de la République, et l'Assemblée des représentants étant l'expression de cette souveraineté, il fallait nécessairement poser cette règle du droit politique, en indiquant toutefois les exceptions que réclame l'application même de la règle.

Le législateur a senti que, dans une telle matière, il fallait être explicite ; c'est pour cela que, bien qu'il ait dit que l'état de siége pouvait être déclaré quand il y avait péril pour la sécurité intérieure, il a voulu, par l'article 2, que la déclaration de l'état de siége désignât les communes, les arrondissements, les départements auxquels il s'appliquerait et pourrait être étendu.

Art. 3. — C'est à partir de l'article 3 que sont prévues et énumérées les exceptions au principe que l'Assemblée nationale peut seule déclarer l'état de siége.

La première est pour le cas où l'Assemblée nationale, aux termes de l'article 32 de la Constitution, s'est ajournée à un temps qu'elle a fixé. Pendant la durée de cette vacance, le Président de la République peut déclarer l'état de siége ; mais il faut préalablement qu'il ait réuni les ministres en con-

seil et que ce conseil soit de l'avis de l'état de siége.

Quand cette déclaration est proclamée, le Président de la République est tenu d'en informer immédiatement la commission désignée par l'Assemblée pour siéger pendant son absence, commission composée, ainsi que le prescrit l'article 32 de la Constitution, des membres du bureau et de vingt-cinq représentants nommés par l'Assemblée au scrutin secret et à la majorité absolue.

Si les circonstances qui ont déterminé la mise en état de siége présentent une haute gravité, dans ce cas, le Président de la République peut convoquer l'Assemblée nationale, qui, dès qu'elle est réunie, délibère et prononce sur la question de savoir si l'état de siége déclaré par le Président de la République doit être levé ou maintenu.

En ce qui concerne la ville de Paris, dès que le Président de la République la déclarerait en état de siége, la prorogation de l'Assemblée cesserait aussitôt et de plein droit.

Art. 4. — L'article 4 s'occupe, comme seconde exception, de l'état de siége des colonies françaises, et donne à chaque gouverneur la faculté de déclarer l'état de siége en en rendant compte immédiatement au gouvernement.

Il est superflu de faire observer que l'Algérie est comprise dans les colonies françaises dont parle l'article 4.

Art. 5. — L'art. 5 mérite une attention toute particulière. Il s'agit des places et postes militaires de la frontière et de l'intérieur de la République qui peuvent être déclarés en état de siége par le commandant militaire de chacune de ces places, ou de chacun de ces postes, dans les cas prévus par la loi du 10 juillet 1791 et par le décret du 24 décembre 1811, à la charge, par le commandant, d'en rendre immédiatement compte au gouvernement.

Pour procéder logiquement et bien comprendre toute la portée de cet article, il faut d'abord rechercher ce qu'on appelle place de guerre et poste militaire.

La loi du 10 juillet 1791 a prescrit le classement des places de guerre et postes militaires en trois classes (tit. 1er, art. 1er), et l'art. 2 déclare que l'on ne doit réputer tels que ceux qui sont désignés sur le tableau annexé à la loi. Dans le *Guide des tribunaux*

militaires, tom. 1ᵉʳ, pag. 60, 61, 62, j'ai donné le tableau dont nous parlons ; mais cet état des places et postes militaires a varié avec les circonstances politiques qui ont étendu ou restreint le territoire français, et qui ont modifié l'importance de certaines localités intérieures, ou augmenté celle de quelques autres. Le tableau qui suit offre la liste complète de ce que l'on entend par places de guerre et postes militaires ; il les présente dans l'ordre et suivant le classement établi par le génie militaire.

ÉTAT DES PLACES DE GUERRE.

Etat des places de guerre et postes militaires.

DIVISIONS.	1re SÉRIE.		2e SÉRIE.	
	PLACES de 1re et de 2e classe.	PLACES de 3e classe.		POSTES.
1re	Le Havre. Château de Dieppe.			Vincennes. Batterie de Mers. Batt. du Tréport. Batt. de l'Aubette des Douaniers.
2^e	Calais (citadelle et fort Nieulay). Gravelines. Saint-Omer. Aire et fort St-François. Montreuil (ville et citadelle). Arras (ville et citadelle). Dunkerque et fort Louis. Bergues et fort François. Lille (ville et citadelle). Douai et fort de Scarpe. Condé. Valenciennes (ville et citadelle). Bouchain (ville haute et basse). Maubeuge. Le Quesnoy. Cambrai (ville et citadelle). Avesnes. Landrecies. Abbeville. Citadelle d'Amiens.	Béthune. Boulogne (ville haute et château).		Fort Philippe. St-Venant. Citadelle de Doullens. Château de Ham. Chât. de Guise.

DIVISIONS.	1re SÉRIE.		2e SÉRIE.	
	PLACES de 1re et de 2e classe.	PLACES de 3e classe.		POSTES.
2e suite	Péronne. La Fère. Laon. Soissons.			
3e	Charlemont et les Givets Rocroy. Mézières (ville et citad.). Sédan et château. Montmédy et Médy-Bas. Verdun (ville et citad.). Vitry-le-Français. Longwy. Thionville. Metz et dépendances. Bitche (château). Marsal. Toul. Phalsbourg.			Bitche (ville).
4e	Strasbourg (ville, cita- delle et dépendances). La Petite-Pierre. Schelestadt. Neubrisach et fort Mor- tier. Belfort (ville et château).	Haguenau.		Weisemberg. Lauterbourg. Drusenheim. Lichtemberg.
5e	Besançon (ville, citadelle et dépendances). Fort de Joux. Forts de Salins.			Château de Mont- béliard. Salins (ville).

DIVISIONS.	1re SÉRIE.	2e SÉRIE.	
	PLACES de 1re et de 2e classe.	PLACES de 3e classe.	POSTES.
5e suite	Auxonne. Langres et citadelle.		
6e	Fort l'Écluse. Fort Barrault. Grenoble (ville et citadelle).		Pierre-Chatel.
7e	Briançon (ville, château et dépendances). Queyras. Mont-Dauphin. Embrun. Citadelle de Sisteron. Fort Saint-Vincent. Seyne et citadelle. Colmars et forts. Entrevaux et château. Antibes et fort Carré. Fort Ste-Marguerite. Citadelle de St-Tropez. Toulon et dépendances. Forts de Marseille.	Forts des îles d'Hyères.	Fort de Brégançon Fort de Bouc.
8e	Citadelle du St-Esprit.	Citadelle de Montpellier Forts de Cette. F. Brescou. Aigues-Mortes.	Tour de Silvéréal. Tour de Grau-d'Agde. Fort Peccais.

DIVISIONS.	1re SÉRIE.		2e SÉRIE.	
	PLACES de 1re et 2e classe.	PLACES de 3e classe.	POSTES.	
9e et 10e	Pratz-de-Mollo et dépendances. Bellegarde. Mont-Louis (ville et citadelle). Villefranche et dépendances. Perpignan (ville et citadelle). Fort Les Bains. Collioure (citadelle Mirandon et fort Saint-Elme).	Cité de Carcassonne. Narbonne.	Forts de Port-Vendres. Château de Salces Tour de La Nouvelle.	
11e	Citadelle de Saint-Jean-Pied-de-Port et dépendances. Navarreins. Bayonne (ville).	Dax (ville et château.) Château de Lourdes.	Fort de Soccoa. Camp retranché de Mousserolles. Bayonne (citad.).	
12e	Oléron (ville et citad.). Ile d'Aix (bourg et fort de la rade). Fort Liédat. Redoutes du camp de Pont et de Jamblet. Rochefort et dépendances. La Rochelle. Saint-Martin de Ré (citadelle et forts). Blaye.	Fort Médoc.	Fort du Royan. Fort Chapus. Batteries des Saumonards et de Boyardville. Forts de la Charente. Fort Paté. Pointe de Grave.	

DIVISIONS.	1re SÉRIE. PLACES de 1re et de 2e classe.	2e SÉRIE. PLACES de 3e classe.	POSTES.
14e	. . . .	Château de Noirmoutier.	Fort Minden. Fort St-Nazaire. Chât. de Nantes. Chât. d'Angers. Chât. de Saumur Fort de St-Nicolas-les-Sables. Fort de l'Ile-Dieu Ile du Pilier.
15e	Cancarneau. Presqu'île de Quelern. Brest (château et dépendances). Saint-Malo et dépendances. Châteauneuf. Belle-Isle (ville et citadelle). Fort Penthièvre de Quiberon. Lorient. Port-Louis (ville et citadelle).		Forts de la rade de Brest. Château de Bertheaume. Tours de Toulinguet et de Créachmeur. Fort Céson. Chât. du Taureau Ile-aux-Moines. Fort de Nay. Fort des Rimains. Fort Lacroix.
16e	Granville. Fort de Querqueville. Cherbourg (port militaire et dépendances). La Hougue. Tatihou.	Château de Caen.	Carentan. Ile St-Marcouf. Mont-St-Michel.

DIVISIONS.	1re SÉRIE.		2e SÉRIE.	
	PLACES de 1re et de 2e classe.	PLACES de 3e classe.	POSTES.	
17e	Citadelle et forts de Bastia. Calvi et fort Monzello. Bonifaccio.	Citadelle de Corte. Citad. d'Ajaccio.	Citadelle de St-Florent. Chât. d'Aleria. Ile Rousse. Tour de Girolata Ponte—Nuovo. Fort de Vizza-rona. Tour de Giraglia. Tour de Farinoli. Porto-Vecchio.	

Nous avons maintenant à examiner dans quelles circonstances le commandant d'une place de guerre ou d'un poste militaire peut déclarer l'état de siége. Les cas prévus par la loi du 10 juillet 1791 et par le décret du 24 décembre 1811, auxquels la présente loi renvoie pour l'application de son art. 5, sont les suivants :

1º Les attaques commencées (1); ce qui

---

(1) Art. 11, titre 1er de la loi du 10 juillet 1791, art. 53 du décret du 24 décembre 1811.

doit s'entendre ici non-seulement des attaques d'une troupe étrangère et ennemie, mais encore de celles d'une bande de rebelles, d'un parti d'insurgés venant soit de l'intérieur, soit de l'extérieur de la place ou du poste militaire;

2° L'investissement par des troupes ennemies (1); il faut ajouter l'investissement par une troupe de rebelles, quelle qu'elle soit, car, pour qu'il y ait investissement, il est évident qu'elle se trouverait nombreuse et de nature à donner des inquiétudes fondées;

3° Communications avec le dehors, interceptées à la distance de dix-huit cents toises des crêtes des chemins couverts (2).

Peu importe que les communications soient interceptées, à cette distance, par des troupes ennemies ou par des bandes de rebelles;

4° Attaque de vive force (3).

On pourrait croire, au premier aperçu,

---

(1) Art. 11 de la loi du 10 juillet 1791, et 53 du décret du 24 décembre 1811.
  (2) *Idem,*   *idem.*
  (3) *Idem,*   *idem.*

que l'attaque de vive force, dont il est question dans l'art. 53 du décret du 24 décembre 1811, est la même chose que les attaques commencées dont il est parlé dans l'art. 11 de la loi du 10 juillet 1791, qui fait l'objet du n° 1° ci-dessus; cependant, les attaques commencées signifient les opérations qui commencent un siége, tandis qu'ici, il s'agit d'une attaque faite à l'improviste, de l'action d'un parti ennemi ou d'une bande de factieux qui se jette sur une petite place, sur un poste militaire, et qui tente de s'en emparer par un coup de main;

5° Surprise (1).

Les attaques commencées, l'attaque de vive force et la surprise, sont trois choses très différentes.

Les premières constituent des actes d'hostilités, annonçant l'intention de se rendre maître d'une place ou d'un poste par un véritable siége, et en déployant des troupes.

La seconde est l'irruption instantanée d'une troupe quelconque, cherchant, par la violence, à prendre possession de la place ou du poste attaqué.

---

(1) Art. 53 du décret du 24 décembre 1811.

La surprise est l'introduction de l'ennemi ou des rebelles dans la place ou le poste, au moment où personne ne s'y attendait. Cette surprise, qui n'est point ici considérée comme entraînant l'occupation complète et durable de la place ou du poste, motive l'état de siége, parce que la sécurité publique est gravement menacée;

6° Sédition intérieure (1).

Il n'est pas besoin de dire que c'est lorsque la sédition a pris des proportions alarmantes, et que les premiers moyens de répression ont été reconnus insuffisants;

7° Rassemblements formés dans le rayon d'investissement, sans l'autorisation des magistrats (2).

Il s'agit ici de rassemblements ayant un caractère séditieux; et c'est ce que le législateur a indiqué par ces mots : *Sans l'autorisation des magistrats;* mais il faut que ces rassemblements se soient formés dans le rayon d'investissement de la place ou du poste militaire.

Le rayon d'investissement ou d'attaque,

---

(1) Art. 53 du décret du 24 décembre 1811.
(2) *Idem,*   *idem.*

d'après l'art. 70 du décret du 24 décembre 1811, s'étend sur la zone du terrain extérieur, comprise entre les bornes des glacis et les points où seraient établis, en cas de siége, les dépôts et la queue des tranchées de l'ennemi, à la distance d'un kilomètre (500 toises) de la crête intérieure du parapet des chemins couverts les plus avancés. L'art. 29, titre 1er, de la loi du 10 juillet 1791, réduit cette distance à 300 toises pour les postes militaires. Mais dans le cas où ces places de guerre, ces postes militaires n'auraient point de fortifications proprement dites, il faudrait, pour établir le rayon d'investissement, recourir à la loi du 10 fructidor an v, qui a déterminé les cas dans lesquels les communes peuvent être mises en état de siége, et dont l'art. 2 porte : Que les communes de l'intérieur seront en état de siége aussitôt que, par l'effet de leur investissement par des troupes ennemies ou par des rebelles, les communications du dedans au dehors, et du dehors au dedans, seront interceptées à la distance de trois mille cinq cent deux mètres (dix-huit cents toises) des fossés ou des murailles.

C'est la distance fixée par l'art. 11 de la loi du 10 juillet 1791.

Tels sont les cas dans lesquels le commandant militaire de l'une des places ou de l'un des postes inscrits au tableau qui précède peut déclarer l'état de siége, à la charge d'en donner immédiatement avis au gouvernement.

Art. 6.—Lorsque, dans les colonies françaises, ce qui comprend l'Algérie, le gouverneur, et, dans les places de guerre et postes militaires, le commandant, ont déclaré l'état de siége, le Président de la République, à qui il en a été immédiatement rendu compte, délibère en conseil des ministres, conformément au principe posé dans l'art. 3, sur la question de savoir s'il lèvera ou s'il maintiendra l'état de siége. S'il pense qu'il doit être levé, il lui suffit de rendre un décret pour le déclarer, ainsi que l'art. 12 lui en donne le droit; s'il croit, au contraire, que l'état de siége doit être maintenu, il doit en proposer sans délai le maintien à l'Assemblée nationale, et, à cet effet, il doit convoquer sur le champ l'Assemblée nationale; car la commission instituée pendant la prorogation de la chambre n'a aucune qualité pour délibérer sur cette question, l'art. 32 de la Constitution n'en ayant fait qu'une commission de surveillance sans aucun pouvoir pour prendre une décision.

Après avoir indiqué les cas où l'état de siége peut être déclaré, et les formes de cette déclaration, les art. 7, 8, 9, 10 et 11 en précisent les effets.

Art. 7.—Dès qu'un département, un arrondissement, une ville, une commune, ou plusieurs de ces localités à la fois, ont été mis en état de siége, tous les pouvoirs administratifs pour le maintien de l'ordre et de la police passent aux mains de l'autorité militaire. Ce qui ne veut pas dire que les magistrats et fonctionnaires civils doivent être neutralisés et réduits à l'inaction, mais ce qui signifie seulement que ces magistrats et fonctionnaires se trouvent immédiatement sous l'autorité militaire, qui doit bien se garder de refuser leur concours, à moins qu'elle ne rencontre en eux des hommes hostiles, auquel cas elle doit les suspendre de leurs fonctions afin de les empêcher de nuire, et en informer aussitôt le gouvernement.

L'autorité militaire devenue l'unique pouvoir dirigeant et administrant, doit avoir soin, quand elle est sûre d'obtenir d'eux un concours loyal et zélé, de laisser aux fonctionnaires civils de tous grades l'exercice de leurs emplois.

Deux raisons nous paraissent déterminantes pour en agir ainsi : la première, c'est que les officiers qui seraient chargés de ces fonctions y apporteraient une inexpérience inévitable qui amènerait de la confusion là où il faut un ordre parfait et sévère, et la régularité avec la rapidité dans les mesures ; la seconde, c'est qu'en s'attachant les magistrats de tout ordre, l'autorité militaire groupe autour d'elle la partie de la population la plus éclairée, qui travaille alors de concert à déjouer les projets des anarchistes et des méchants. Si, inconsidérément, elle se privait de leurs lumières, elle grossirait le nombre des mécontents, et se susciterait des embarras par les observations, les réclamations, les difficultés de toutes natures que feraient surgir des conseils plus ou moins intéressés. L'autorité militaire doit donc considérer comme principe à suivre en matière d'état de siége, d'appeler à elle tout d'abord les fonctionnaires civils, qui n'auront plus à agir que par son ordre et sous sa direction. Si, par impossible, l'autorité militaire rencontrait parmi les magistrats civils des rebelles ou des factieux, dans ce

cas, en vertu de cet axiome de l'antiquité :
Salus populi suprema lex esto, le pouvoir
militaire n'aurait pas seulement le droit,
mais encore le devoir de traiter les localités
en pays conquis : car, le premier besoin,
c'est de rétablir l'ordre; la première obligation, c'est de garantir la sécurité publique.

ART. 8. — Indépendamment de l'action
d'une administration et d'une police militaire exercée par les magistrats et fonctionnaires de l'ordre civil, les tribunaux de
l'armée viendraient prêter leur puissant et
efficace concours pour la répression des
crimes et délits commis contre la sûreté de
la République, contre la Constitution, contre
l'ordre et la paix publics, quelle que soit la
qualité des auteurs principaux et des complices.

Cette dernière disposition souffre quelque
difficulté relativement aux représentants du
peuple, qui, d'après la Constitution (art. 36
et 37), sont inviolables, et ne peuvent être
poursuivis sans une autorisation préalable
de l'Assemblée nationale; mais, dans les
lieux soumis à l'état de siége, ils peuvent
être arrêtés pour flagrant délit, ainsi qu'il
est déterminé par l'art. 41 du Code d'instruc-

tion criminelle, et maintenus en état de mandat d'arrêt jusqu'à décision de l'Assemblée nationale.

Les conseils de guerre, tels qu'ils sont désormais organisés, avec des magistrats instructeurs et des commissaires du gouvernement à poste fixe, choisis parmi des officiers en retraite qui peuvent se consacrer tout entiers à l'étude des lois, et qui apportent dans leurs fonctions l'expérience d'une longue et honorable carrière, la connaissance des hommes et la pratique des affaires judiciaires, sont maintenant à la hauteur de la grande et difficile tâche que l'état de siége peut leur imposer. Des faits irrécusables attestent ce que nous avançons; l'état de siége de Paris, en 1848, devait être, au dire de plus d'une personne, un écueil dont ne pourraient point se tirer nos tribunaux militaires nouvellement organisés. Deux cents soixante-deux jugements rendus dans les procès les plus compliqués et les plus hérissés de difficultés sont là pour démontrer la sagesse et l'utilité de cette organisation. Frappées de pourvois en révision et de neuf pourvois en cassation, attaquées avec toutes les armes de la chicane, ces sentences et leurs procédures ont subi l'épreuve des discussions et celle de l'examen de la Cour régulatrice ; aucune nullité n'est venue jeter le reproche d'incurie ou d'inhabileté aux magistrats militaires. Partout la régularité, le dévouement, le zèle à remplir des fonctions difficiles, signalent les parquets militaires ; ces garanties précieuses d'une bonne administration de la justice répondent suffisamment à toutes les calomnies répandues contre cette institution nouvelle.

L'art. 8, qui parle de l'action des tribunaux militaires, exige quelques explications.

L'opinion la plus commune, et qui tient aux idées qu'avait fait naître la législation antérieure, admet autant de conseils de guerre qu'il y aurait de villes ou de communes en état de siége, parce qu'en effet, en l'an IV, en l'an V, en l'an VII, il y avait des conseils de guerre particuliers, indépendamment de ceux des divisions territoriales, qui fonctionnaient comme tribunaux exceptionnels, et qui cessaient d'exister avec les circonstances qui les avaient créés ; mais la Constitution de la République ne permettrait point que les choses se passassent ainsi aujourd'hui : il n'y a point et il ne peut plus y avoir de tribunaux extraordinaires (1). Les conseils de guerre permanents, maintenus par l'art. 88 de la Constitution, sont les tribunaux spéciaux, mais réguliers, de l'état de siége, aux termes de la loi du 9 août 1849. Ces tribunaux existent dans chaque division militaire du territoire, et comprennent nécessairement, dans la circonscription des lieux soumis à leur compétence, les départements, arrondissements, villes, communes, qui seraient déclarés en état de siége, et dès lors il n'y aurait aucune nécessité de créer des tribunaux autres que les conseils de guerre permanents des divisions territoriales militaires, en supposant même que cette création fût possible.

Quant aux villes de guerre assiégées, bloquées par l'ennemi, le cas a été prévu par une loi qui est toujours en vigueur, celle du 11 frimaire an VI, relative à la formation des conseils de guerre et de révision dans les places de guerre investies et assiégées ; mais, lorsqu'il s'agirait d'un département, d'un arrondissement, d'une commune du

---

(1) Art. 4 de la Constitution du 4 novembre 1848.

territoire, les conseils de guerre existant pour la division militaire dans laquelle ce département, cet arrondissement ou cette commune seraient situés, deviendraient les tribunaux naturels des insurgés à traduire devant la justice.

Vainement on objecterait l'éloignement de la localité mise en état de siége avec la ville où existeraient les conseils de guerre ; car la difficulté des transports ne serait pas plus grande pour des insurgés que pour des militaires. Comme on aurait certainement concentré des troupes sur le point où il aurait fallu déclarer l'état de siége, le transfèrement des accusés pourrait s'opérer avec sûreté et même avec célérité au moyen des chemins de fer, s'il y en avait à proximité. Il serait d'ailleurs facile, si la nécessité en était reconnue, de faire transporter les magistrats instructeurs au centre des lieux mis en état de siége pour y faire les instructions préliminaires.

Nous ne craignons point de répéter que l'autorité militaire, qui aurait appelé à elle les magistrats et fonctionnaires civils, trouverait en eux des auxiliaires précieux pour la rédaction des actes destinés à constater les faits criminels, ce qui permettrait d'opérer rapidement, ainsi que les circonstances l'exigent toujours en pareil cas, mais sans confusion et sans précipitation.

Il faut remarquer, au surplus, que l'article 8 donne au pouvoir militaire la faculté de laisser aux tribunaux ordinaires la connaissance des crimes et délits qui ont motivé l'état de siége, si l'on n'y voit aucun inconvénient; toutefois, on ne pourrait pas attribuer à la fois aux deux juridictions, ordinaire et militaire, le procès d'une insurrection à juger, parce que ce serait opérer une disjonction entre les accusés et les faits d'une même affaire, sur laquelle le même tribunal peut statuer successivement, s'il ne lui est pas possible de le faire par un seul jugement. On comprendra facilement pourquoi cette disjonction serait illégale: c'est que du moment qu'une délimitation dans les pouvoirs judiciaires a été tracée par le droit public, tout devient absolu en matière de compétence. Au point de vue philosophique, on voit que les éléments d'instruction et d'appréciation varient suivant l'espèce des juridictions; et la même nature, la même série de faits incriminés, ne doivent pas être soumises à des investigations qui diffèrent dans leurs formes, qui arrivent

bien au même but, mais qui n'y parvien-
nent que par des voies particulières à chacune de ces juridictions.

Ainsi, lorsque l'autorité militaire a cru
devoir laisser la connaissance des crimes et
délits commis pendant une insurrection aux
tribunaux ordinaires, ceux-ci doivent ex-
clusivement fonctionner.

Si l'autorité militaire se décidait à user de
cette faculté, ce ne devrait être qu'après un
mûr examen ; car, par cela seul qu'elle lais-
serait les Cours d'assises et le jury civil pro-
noncer sur le sort des insurgés, elle paraî-
trait déposer cette sévérité que l'on redoute,
et l'effet salutaire, produit par la crainte
qu'inspire aux perturbateurs l'état de siége,
serait bientôt perdu.

Il ne faut point oublier que la conséquence naturelle et nécessaire de l'état de
siége, c'est le jugement des conseils de
guerre. Les tribunaux de l'armée sont moins
accessibles aux menaces anonymes des insurgés et de leurs adhérents, moyens d'inti-
midation *honorables et moraux* qu'emploient
ceux qui ne veulent fonder leur prétendu
gouvernement que sur les débris de toute société civile. Quoi qu'il en soit, ces moyens
font une impression telle sur les âmes fai-

bles et pusillanimes, que la peur les fait mentir à leur conscience et que la décision de la justice n'est plus qu'un honteux sacrifice à la lâcheté.

On n'a point à craindre cette molle condescendance de la part d'un conseil de guerre; car celui qui faiblirait devant sa conviction manquerait de cœur, et un militaire qui manque de courage devant une menace de mort est indigne de porter l'uniforme.

ART. 9. — Par les articles 7 et 8, le législateur a placé dans les mains de l'autorité militaire tous les pouvoirs dont l'autorité civile était revêtue pour le maintien de l'ordre et de la police, il a indiqué la juridiction qui pouvait être saisie.

L'article 9 a pour objet de déduire les conséquences des principes posés dans les deux articles précédents; aussi, il énumère les droits attribués à l'autorité militaire, et le premier de ces droits, c'est celui de faire des perquisitions de jour et de nuit dans le domicile des citoyens, sans l'assistance du commissaire de police ou du maire.

Il est entendu, ainsi que nous l'avons déjà dit, que l'autorité militaire appellera le concours de tous les magistrats et fonctionnaires civils; mais il est bien des circonstances où ces magistrats et fonctionnaires seraient impuissants et leur concours inefficace : il faut donc que le pouvoir militaire puisse faire, avec ses baïonnettes, ce que la rébellion à force ouverte rendrait impossible autrement.

Un devoir que le rétablissement de l'ordre rend impérieux, c'est l'éloignement des individus qui n'ont pas leur domicile dans les lieux soumis à l'état de siége. Il est fâcheux de le dire pour les peuples en général, mais il en est d'un état social comme du corps humain : là où le désordre se manifeste, accourent en foule des hommes qui espèrent y trouver le pillage et l'orgie; de même, lorsque, par la contusion d'un membre, le corps éprouve une lésion grave, l'humeur des tissus environnants afflue aussitôt vers la partie malade et produit l'abcès dont la main du chirurgien doit délivrer le patient.

La plaie de notre société, ce sont les repris de justice. Indépendamment de l'inefficacité des bagnes et des maisons centrales de réclusion et de correction, pour dompter ces natures dépravées qui sont en hostilité permanente avec toute loi et tout ordre social, il y a le poison répandu par certains littérateurs modernes, qui n'ont pas craint de présenter les repris de justice comme les victimes incomprises d'une législation cruelle et d'une société inique. C'est par ces grossiers mensonges, par ces sophismes qui prouvent ou une imagination en délire, ou la plus insigne, la plus dangereuse mauvaise foi, que ces écrivains, prostituant l'art d'écrire, ont familiarisé avec les plus mauvaises passions les classes ouvrières, avides de lectures, mais trop peu instruites pour savoir reconnaître la fausseté et la perversité des doctrines. Honte et malheur à ces êtres dégradés qui n'ont voulu faire usage du talent que pour prêcher le mal et la désorganisation! Depuis trente ans, ils sèment l'immoralité: qu'on ne s'étonne donc plus de recueillir aujourd'hui le trouble et la guerre civile.

Au lieu de distiller le fiel de leur esprit, que la fièvre de l'ambition anime, dans des compositions où toutes les ressources de l'art, parfois même les charmes du style, sont mis au service du génie du mal, pourquoi les auteurs du XIXe siècle, qui traitent avec un si risible dédain les grands écrivains du XVIIIe, n'ont-ils pas cherché les moyens de rendre à la société cette classe trop nombreuse des repris de justice? Il ne suffisait pas de les plaindre et d'apitoyer sur leur sort : par ce moyen, on peut faire de l'effet, émouvoir les âmes sensibles, mais on n'est utile ni à ceux que l'on plaint, ni à ceux que l'on attendrit. Il y a plus, c'est que l'on égare les misérables qu'il faudrait faire rougir de leurs fautes, en leur montrant la voie morale dans laquelle ils doivent rentrer; et l'on pervertit les âmes honnêtes et faibles, qui s'accoutument aux mauvaises actions, et ne ressentent plus pour les méfaits l'horreur qu'elles éprouvaient avant.

En attendant que ces réformateurs si habiles du genre humain aient indiqué le moyen d'épurer ces malheureux, que leurs mauvais instincts ont précipités dans le bourbier du crime, l'autorité militaire, quand la société est en péril, au point de nécessiter l'état de siége, doit éloigner des lieux où ont éclaté les troubles civils les individus que la nation entière a déjà eus pour ennemis.

Une autre obligation, également importante à remplir, c'est d'ordonner la remise des armes et des munitions; c'est de procéder à leur recherche et à leur enlèvement, en faisant des visites domiciliaires et des recherches dans tous les lieux où l'on peut supposer que les rebelles en ont caché.

Il faut observer, toutefois, que la remise et l'enlèvement des armes et munitions peuvent ne se faire que pour la partie des localités où l'insurrection s'est révélée, et que l'autorité militaire n'est pas toujours tenue d'opérer un désarmement général, à moins qu'il n'y ait doute sur l'esprit de la population entière habitant la portion du territoire mise en état de siége.

Enfin, l'interdiction des publications, non-seulement des folies ridicules du fouriérisme, mais encore des combinaisons sauvages du socialisme et du communisme, où le vol et le brigandage sont organisés plus en grand que dans les bandes de malfaiteurs que la justice a eus à frapper jusqu'à présent, est une impérieuse nécessité qui ne porte, quoi qu'en disent les fauteurs d'anarchie, aucune atteinte à la liberté de la presse.

Les journaux ou écrits périodiques et quotidiens qui prêchent la révolte, ou qui enseignent des doctrines subversives de toute morale, de tout ordre public, de toute organisation sociale, sont des ennemis d'autant plus dangereux du peuple français, qu'ils font tomber goutte à goutte le poison de leur dialectique perverse dans l'esprit peu cultivé de la partie de la population qui, incapable, faute d'instruction suffisante, d'avoir des idées exactes en matière politique, a besoin d'avoir des raisonnements tous faits et des doctrines toutes formulées. Elle saisit donc avec empressement les sophismes qui flattent ses appétits matériels ; elle comprend que la liberté, c'est le droit de faire tout ce qui passe par la tête, sans s'inquiéter si l'on blesse les intérêts d'autrui ; que l'égalité, c'est le nivellement de tous les individus au même degré de position, et, par conséquent, au même degré d'intelligence ; car il ne serait pas possible d'admettre qu'il y eût des gens plus intelligents, plus instruits que d'autres, et qui ne finiraient pas par posséder plus que ceux qui sont sans intelligence et sans instruction, à moins d'établir *à priori* que les hommes laborieux, doués, par la nature, d'une capacité intellectuelle supérieure à celle de beaucoup d'autres, travailleront au profit des paresseux et des incapables ou des débauchés. Dans ce dernier cas, la fraternité serait entendue d'une manière étrange : les citoyens recommandables amasseraient pour fournir aux orgies des mauvais sujets, et ceux-ci n'auraient aucune obligation à remplir envers leurs concitoyens.

Il est certain que, si l'on veut analyser de bonne foi et sans prévention les journaux et écrits qui appellent de leurs vœux, depuis février 1848, ce qu'ils osent nommer eux-mêmes la République rouge, parce que le sang doit y couler à flots, on n'y trouvera pas autre chose que ce que nous venons d'énoncer.

De tels journaux, de tels écrits, doivent être interdits pendant l'existence de l'état de siége. Il y a nécessité d'apprendre aux populations ignorantes, égarées par de perfides folliculaires, que la liberté politique n'est basée que sur le sacrifice, ou, au moins, sur la restriction de la liberté individuelle; que cette liberté, réglée uniformément pour tous par la loi, confère à tous les citoyens les mêmes droits et les mêmes devoirs; que l'égalité n'existe que devant la loi; qu'elle ne peut s'entendre que de l'égalité des droits et des devoirs; car elle n'existe ni au physique ni au moral, par la raison que la nature n'a pas donné à tous les hommes la même taille, la même figure, la même force, la même intelligence. La fraternité ne consiste que dans la réciprocité des bons offices entre les citoyens dirigés chacun par ce principe : *Ne fais pas à autrui ce que tu ne voudrais pas que l'on te fît à toi-même.*

La liberté de la presse, qui n'est et ne peut pas être autre chose que le droit de publier ses pensées dans les limites tracées par la liberté politique, et qui se résume parfaitement par cet axiome : *Sub lege libertas*, n'a donc rien à redouter de l'état de siége ; elle peut, au contraire, nous dirons même elle doit, si elle veut être fidèle à sa noble et importante mission, être le pacifique et le plus utile auxiliaire de l'autorité militaire, en éclairant les populations sur leurs erreurs, sur leurs fautes, et en leur rappelant les principes d'obéissance à la loi, qui sont les premiers fondements du gouvernement républicain, gouvernement, sans contredit, le plus conforme à la dignité humaine.

Art. 10.—On a vu, en parlant des places de guerre et postes militaires, quelles sont les circonstances qui pourraient donner lieu à l'application de l'art. 5 de la présente loi. L'art 10 a dû prévoir le cas d'une guerre étrangère, et rappeler que si l'état de siége avait été déclaré, ses effets continueraient d'être déterminés par la loi du 10 juillet 1791 et par le décret du 24 décembre 1811, tant que cette guerre étrangère durerait et que les places de guerre et postes militaires devraient rester en état de siége.

L'art. 12, tit. 1er, de la loi du 10 juillet 1791, et l'art. 53 du décret du 24 décembre 1811, ont précisé les cas où l'état de siége peut cesser ; ce sont les suivants :

1° Lorsque l'investissement est rompu ;

2° Et, quand les attaques régulières ont été commencées, après que les travaux des assiégeants ont été détruits, et que les brèches ont été réparées ou mises en état de défense.

Art. 11.—L'art. 11 a pour objet de rassurer les bons citoyens, en leur répétant que nul n'est troublé dans l'exercice des droits qu'il tient de la Constitution, même pendant la durée de l'état de siége; que l'exception ne consiste que dans la suspension de certains droits, exception qui ne peut atteindre qu'un très-petit nombre d'individus; et, à ce sujet, il suffirait d'invoquer les souvenirs de l'état de siége de Paris, à l'époque des sanglants événements de juin 1848, pour démontrer que les citoyens

honnêtes et dévoués au véritable gouvernement de la République avaient trouvé dans
cet état exceptionnel la protection et la tranquillité sans lesquelles la société ne saurait
exister.

La loi, dans son chapitre 4 et dernier,
consacre les art. 12 et 13 à la levée de l'é-
tat de siége.

Elle a posé en principe, dans l'art. 2, que
l'Assemblée nationale peut seule déclarer
l'état de siége; l'art. 12 porte, en conséquence, que l'Assemblée nationale a seule
le droit de lever l'état de siége, lorsqu'il a
été déclaré ou maintenu par elle.

Mais, conformément aux exceptions ad-
mises par les art. 3, 4, 5, 6, lorsque l'état
de siége a été déclaré pendant la prorogation de l'Assemblée, le Président de la République a le droit de le lever après avoir
pris l'avis du conseil des ministres.

L'art. 12 ne parle pas de cet avis préalable; mais, puisque l'art. 3 l'exige, avec
raison, pour la déclaration de l'état do
siége, il est évident qu'il le faut également
pour la levée.

Le Président de la République peut encore, toujours après avoir pris l'avis du con-

seil des ministres, lever l'état de siége qui n'a pas été maintenu par l'Assemblée nationale, dans les cas particuliers relatifs aux colonies françaises et aux places de guerre et postes militaires.

Les gouverneurs de nos colonies ont même le pouvoir de lever l'état de siége qu'ils ont déclaré, aussitôt qu'ils jugent que la tranquillité est suffisamment rétablie; ils en rendent immédiatement compte au gouvernement.

Les dernières dispositions de la loi sont d'une très-grande importance : l'art. 13 dit qu'après la levée de l'état de siége, les tribunaux militaires continueront de connaître des crimes et délits dont la poursuite leur avait été déférée.

Si cette disposition avait été omise, il en serait résulté que les affaires commencées et non terminées au moment de la levée de l'état de siége auraient dû être abandonnées par la justice militaire, ce qui aurait opéré une véritable disjonction avec les procès précédemment jugés, se rapportant aux mêmes faits d'insurrection, et aurait produit à peu près l'impunité. Il serait arrivé aussi que la juridiction de l'armée étant complétement dessaisie, aurait été impuissante pour poursuivre et juger les auteurs et provocateurs de la sédition, lorsque, ainsi que cela arrive souvent, les procédures militaires n'auraient révélé leur existence et leur nom, qu'après le jugement des acteurs subalternes du drame politique; enfin, les conseils de guerre auraient même été dans l'impossibilité de statuer sur le sort des condamnés par contumace, qui, aux termes de l'art. 476 du Code d'instruction criminelle, n'auraient pas pu se représenter, comme le veut la loi (1), devant le même tribunal, dont la sentence tombe de plein droit dès que le contumax s'est constitué prisonnier et s'est présenté devant le juge.

Le législateur, conséquent avec lui-même, a donc sagement prescrit, par l'art. 13, aux tribunaux militaires de continuer la poursuite et le jugement des faits qui leur avaient été déférés.

Dès lors, il ne peut plus y avoir disjonction entre les procédures relatives aux mêmes natures de faits.

---

(1) Voyez le *Guide des tribunaux militaires*, tome 1er, page 149.

Les contumax peuvent être jugés contradictoirement par les mêmes tribunaux qui les avaient condamnés pendant leur absence, et le principe général de droit criminel, posé dans le chapitre 2, titre 4, du Code d'instruction criminelle, est respecté.

Enfin, et c'est ce qui s'est présenté plusieurs fois dans l'immense procès de l'insurrection de juin 1848, à Paris, lorsque l'instruction des affaires, divisées par catégories, est arrivée à son terme, des révélations, des investigations nouvelles, apprennent que des individus, auteurs ou complices des crimes et délits dévolus à la justice militaire, ont échappé jusque-là aux magistrats instructeurs; ces auteurs ou complices d'attentats étant appelés à leur tour à rendre compte de leur conduite, la multitude apprend que nul criminel n'échappe à une justice égale pour tous, et que l'impunité des malfaiteurs est impossible.

Nous devons ajouter, pour tout dire sur cette partie de la loi que nous expliquons, que les conseils de guerre restent la juridiction compétente, pour statuer sur les faits d'insurrection que la mise en état de siége leur avait attribués, pendant tout le temps de la prescription déterminée par les articles

635, 637, 638 du Code d'instruction criminelle, c'est-à-dire pendant vingt ans, s'il s'agit de contumace à purger; pendant dix ans, s'il est question de poursuivre un crime commis durant les jours de l'insurrection, et pendant trois années, quand ce ne sont que des délits à apprécier.

Dans tout ce que nous venons dire, il n'a été question que de la mise en état de siége sur le sol du territoire français ou de ses colonies; nous devons dire quelques mots de la mise en état de siége des villes ou portion de territoire dans les pays conquis ou seulement occupés militairement.

Les armées françaises qui, par droit de conquête, occupent une citée ennemie, peuvent la mettre en état de siége quand leur sûreté l'exige, et, dans ce cas, la loi du 11 frimaire an vi leur permet d'y établir des tribunaux militaires, si cette ville reste isolée de la sphère d'action de toute division d'armée où des conseils de guerre existent déjà ; si, au contraire, cette ville ou cette portion de territoire ennemi, mise en état de siége, est occupée par les troupes d'une division de l'armée, les tribunaux militaires de cette division suffisent, et il ne serait pas légal d'en instituer d'autres pour fonctionner seulement durant l'état de siége.

Les généraux en chef qui mettraient, sur le territoire ennemi, une ville, une localité quelconque en état de siége, seraient tenus d'en rendre immédiatement compte au gouvernement français, parce que la mise en état de siége n'est pas seulement une opération militaire, elle est avant tout une mesure qui tient au droit de la guerre, et le droit de la guerre est une partie du droit des nations.

La question offre bien plus de difficultés quand il s'agit de l'occupation momentanée d'un territoire étranger par des troupes françaises.

Cette occupation n'est pas le droit de conquête qui permet et explique bien des actes, même rigoureux; elle n'est qu'un secours prêté au peuple chez lequel nos troupes se trouvent lorsqu'il l'a demandé, ou une délivrance opérée d'office quand le peuple voisin, écrasé sous la tyrannie d'un seul ou livré à l'ochlocratie, est en péril pour sa propre existence. C'est alors, en effet, un devoir pour les peuples limitrophes de ne point laisser détruire la nationalité d'une population qui, s'ils n'interposaient leur salutaire prépondérance, pourrait devenir la proie d'un ambitieux conquérant. Les nations ont un grand intérêt à ne point laisser porter atteinte à l'indépendance d'un autre peuple, parce que c'est violer le droit des gens et détruire l'équilibre qui maintient l'harmonie et la paix entre les divers pays de l'Europe.

L'occupation ne peut donc légitimement avoir lieu que dans les deux cas de conquête en pays ennemi ou d'occupation militaire en pays étranger.

Il est certain que l'une des obligations imposées à l'armée d'occupation est de peser le moins possible sur le pays occupé; mais il n'est pas moins évident qu'elle doit aussi prendre toutes les mesures qui peuvent établir sa sûreté. L'état de siége peut devenir nécessaire, et point de doute que le général en chef d'une armée d'occupation peut déclarer une ville, une contrée, en état de siége, lorsque les troupes composant cette armée sont exposées aux attaques, aux embûches de la population, en état permanent d'insurrection contre les lois, ce qui constitue l'anarchie; mais il ne faut pas se dissimuler que la position devient plus délicate que dans toute autre occurrence. L'état de siége, qui entraîne naturellement l'action des conseils de guerre, semble, sous ce rapport, substituer l'autorité militaire au gouvernement du pays occupé, et la présenter non plus comme médiatrice, mais comme conquérante. Aussi, les effets de l'état de siége, quand l'hostilité des habitans l'a rendu indispensable, doivent-ils être restreints et non étendus. C'est particulièrement dans de telles circonstances que le général en chef doit en référer au gouvernement français. Il doit, s'il a été forcé de déclarer l'état de siége, exposer en détail les motifs qui l'y ont obligé, et ne pas faire un pas dans cette voie périlleuse, sans prendre les ordres et avoir reçu les instructions de son gouvernement. On ne doit point oublier qu'une mesure de cette nature engage plus qu'on ne le veut, lorsqu'elle n'est pas limitée à l'impérieuse nécessité qui la réclame dans l'unique intérêt de la sûreté des troupes.

FIN.

OUVRAGES DU MÊME AUTEUR :

Guide des Tribunaux militaires, ou Législation criminelle de l'armée, contenant, avec des notes et des commentaires explicatifs, le texte entier des lois, décrets, arrêtés, ordonnances, avis du conseil d'Etat, rendus depuis 1789 jusqu'à ce jour, et la jurisprudence établie par les arrêts de la Cour de cassation ; le tout précédé de notions sur le droit en général, et du précis historique du Droit militaire chez les Romains, et, en France, depuis le commencement de la monarchie jusqu'à la révolution de 1789. 2 vol. in-8. 12 fr.

Une table alphabétique et raisonnée, faite avec soin et très-détaillée, rend les recherches faciles, et indique la pénalité applicable à chaque fait réputé crime ou délit par la loi, en sorte qu'il suffit de chercher le mot qui qualifie le fait punissable, pour connaître la peine encourue et l'article de la loi qui la prononce. — La publication du *Guide des Tribunaux militaires* est un service rendu à l'armée et à la science du droit.

Manuel des Conseils de guerre, 2ᵉ édition. 1 fort vol. in-8. 7 fr. 50.

Cette seconde édition, qui contient la solution de toutes les questions qui se sont présentées depuis 1831 jusqu'à ce jour, est un répertoire général et complet des questions du droit criminel militaire, depuis l'an v de la première République.—Le *Manuel des Conseils de guerre* est, avec le *Guide des Tribunaux militaires,* le traité du droit criminel de l'armée.

Le *Manuel des Conseils de guerre* est suivi de la deuxième édition du **Manuel des Parquets militaires,** ouvrage qu'on ne peut se passer de consulter désormais.

La Vérité sur la famille Chénier, 1 petit vol. in-18. 1 fr. 50.

Ce petit livre est tout à fait d'à-propos, et, au point de vue historique, il est d'une importance réelle pour nos annales contemporaines.

L'Éloge du maréchal Moncey, duc de Conégliano.
Cet ouvrage a remporté le prix d'éloquence à l'Académie de Besançon, en 1847.

Paris.—Imp. de Cosse et J. Dumaine, r. Christine, 2.

www.ingramcontent.com/pod-product-compliance
Lightning Source LLC
Chambersburg PA
CBHW061300060726
47596CB00002B/671